Impressum
Verlag: BABADADA GmbH, Nedderfeld 112 , 22529 Hamburg
Geschäftsführer / Verlagsleitung: Harald Hof
Druck: Books on Demand GmbH, In de Tarpen 42, 22848 Norderstedt

Imprint
Publisher: BABADADA GmbH, Nedderfeld 112 , 22529 Hamburg, Germany
Managing Director / Publishing direction: Harald Hof
Print: Books on Demand GmbH, In de Tarpen 42, 22848 Norderstedt

school

学校

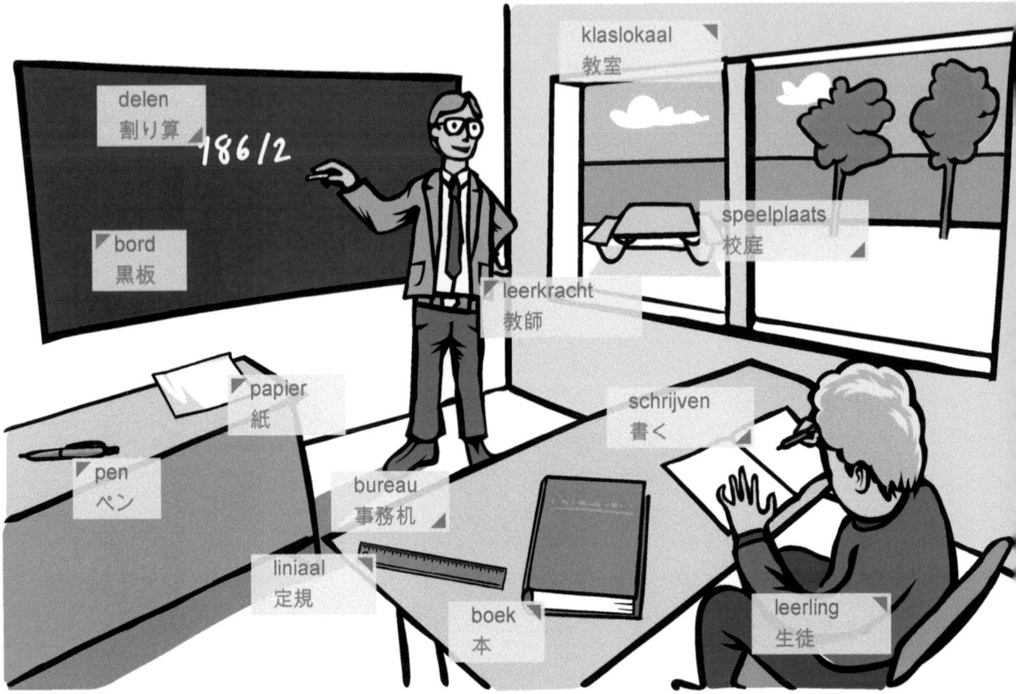

klaslokaal
教室
delen
割り算
186/2
bord
黒板
speelplaats
校庭
leerkracht
教師
papier
紙
schrijven
書く
pen
ペン
bureau
事務机
liniaal
定規
boek
本
leerling
生徒

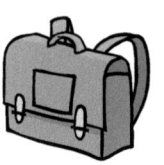

schooltas

ランドセル

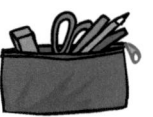

pennenzak

筆入れ

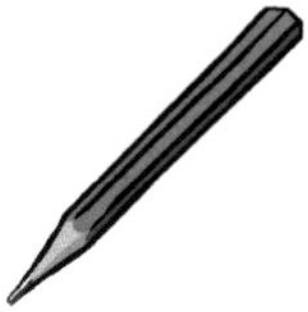

potlood

鉛筆

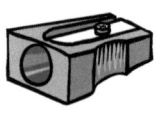

puntenslijper

鉛筆削り

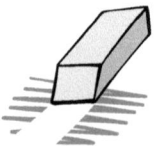

gom

消しゴム

tekenblok

スケッチブック

tekening
スケッチ

verfborstel
絵筆

verfdoos
絵の具箱

schaar
はさみ

lijm
接着剤

werkboek
練習帳

huiswerk
宿題

nummer
数

optellen
足し算

aftrekken
引き算

vermenigvuldigen
かけ算

rekenen
計算する

letter
文字

alfabet
アルファベット

woord
単語

tekst

テキスト

Lezen

読む

krijt

チョーク

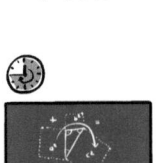

les

授業

klassenboek

学級日誌

examen

試験

certificaat

通知表

schooluniform

制服

onderwijs

教育

encyclopedie

百科事典

universiteit

大学

microscoop

顕微鏡

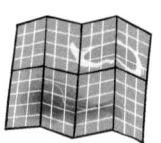

kaart

地図

papiermand

ごみ箱

reis
旅行

hotel
ホテル
Grand
jeugdherberg
ホステル
ROOMS
wisselkantoor
両替所
CHANGE
koffer
スーツケース
auto
自動車

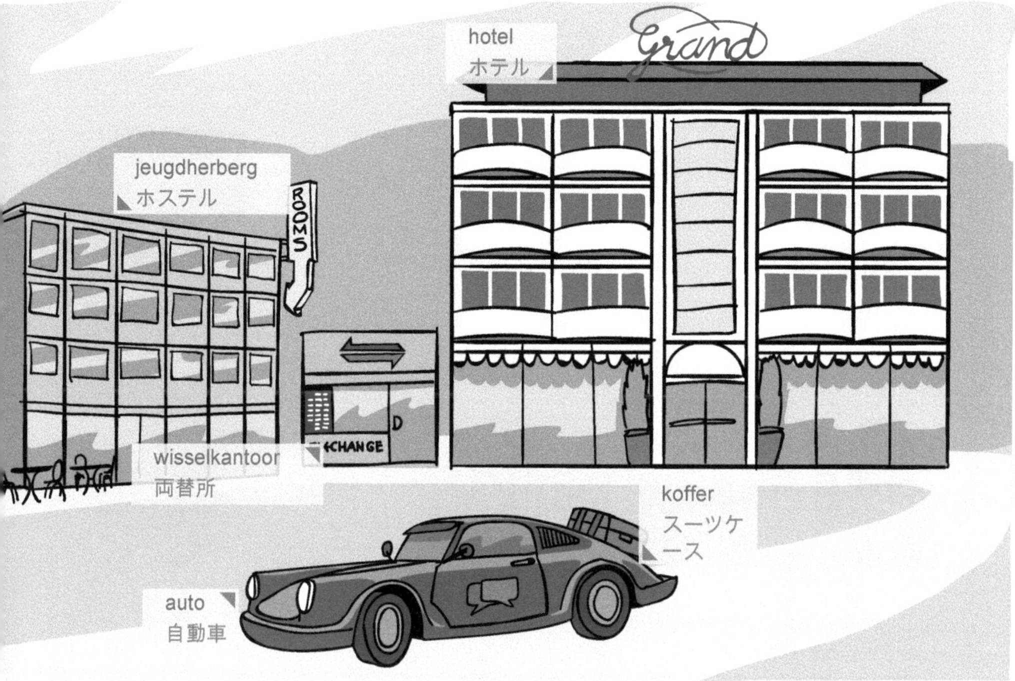

Taal

言語

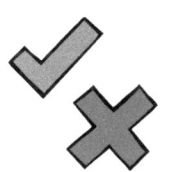

ja / nee

はい / いいえ

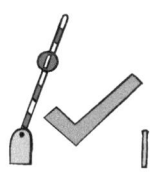

oké

問題ない

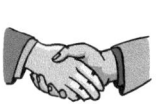

hallo

ハロー

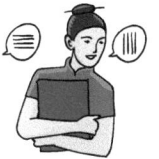

vertaler

翻訳者

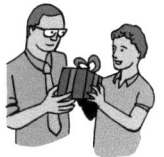

bedankt

ありがとう

Hoeveel kost ...?

...はいくらですか？

Ik begrijp het niet

わかりません

probleem

問題

Goedenavond!

こんばんは！

Goedemorgen!

おはようございます！

Goedenavond!

おやすみなさい！

Tot ziens

さようなら

richting

方向

bagage

手荷物

zak

バッグ

rugzak

リュックサック

gast

お客様

kamer

部屋

slaapzak

寝袋

tent

テント

toeristeninformatie

旅行者情報

strand

ビーチ

kredietkaart

クレジットカード

ontbijt

朝食

lunch

昼食

avondeten

夕食

ticket

チケット

lift

エレベーター

postzegel

スタンプ

grens

境界

douane

税関

ambassade

大使館

visum

ビザ

paspoort

パスポート

transport
輸送

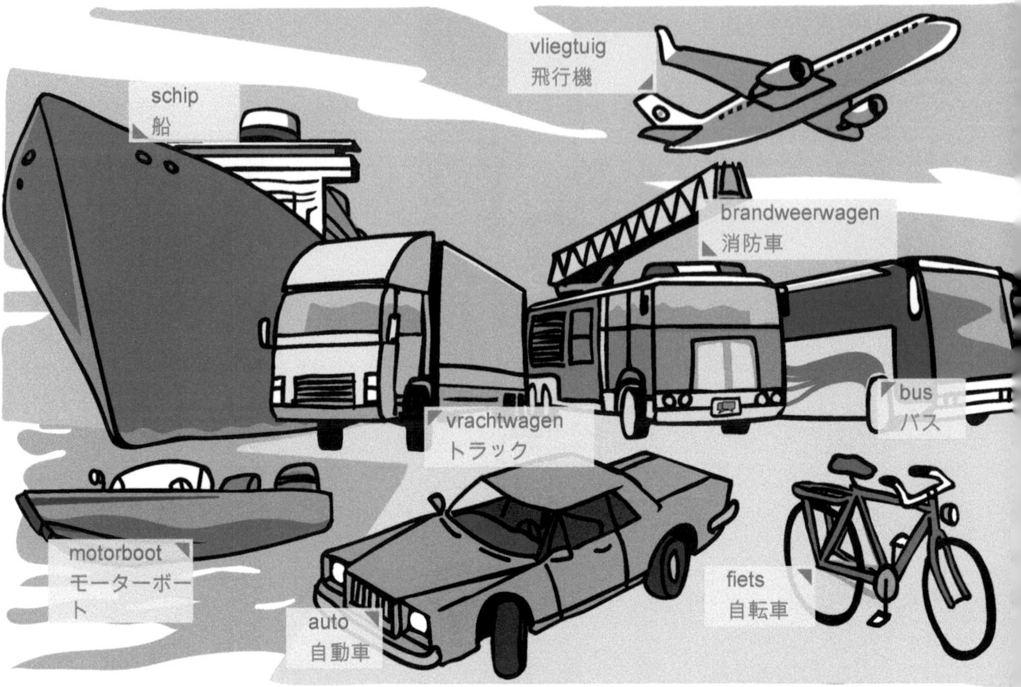

vliegtuig
飛行機
schip
船
brandweerwagen
消防車
bus
バス
vrachtwagen
トラック
motorboot
モーターボート
fiets
自転車
auto
自動車

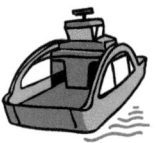

veerboot

フェリー

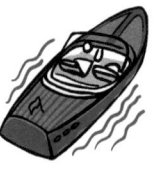

boot

ボート

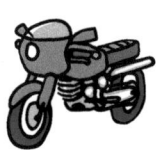

motor

バイク

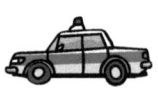

politiewagen

パトカー

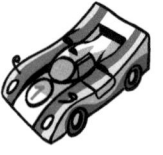

racewagen

レーシングカー

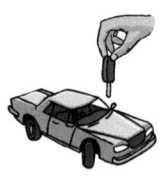

huurauto

レンタカー

carpoolen

カーシェアリング

sleepwagen

レッカー車

vuilniswagen

ごみ収集車

motor

モーター

benzine

燃料

benzinestation

ガソリンスタンド

verkeersbord

交通標識

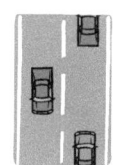

verkeer

交通

file

渋滞

parkeerplaats

駐車場

station

駅

sporen

道

trein

列車

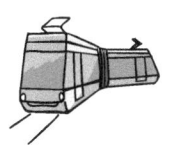

tram

路面電車

wagon

車両

helikopter

ヘリコプター

luchthaven

空港

toren

タワー

passagier

乗客

container

コンテナ

karton

段ボール箱

kar

カート

mand

カゴ

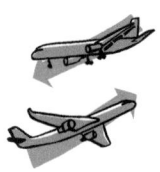

opstijgen / landen

離陸 / 着陸

stad

都市

dorp

村

stadscentrum

都心

huis

家

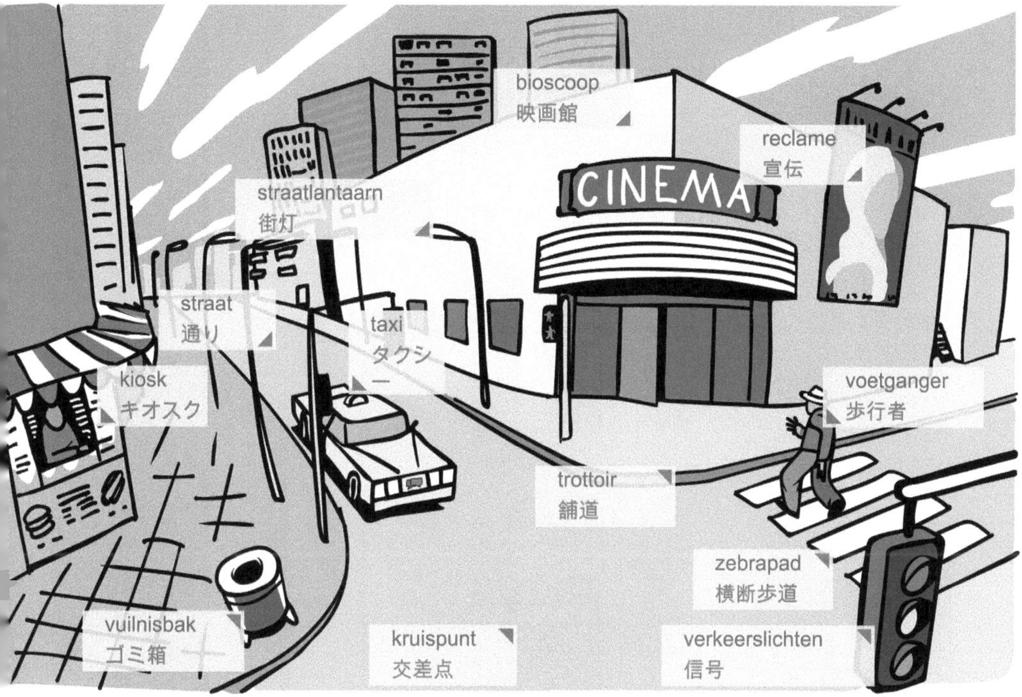

bioscoop
映画館
reclame
宣伝
CINEMA
straatlantaarn
街灯
straat
通り
taxi
タクシー
kiosk
キオスク
voetganger
歩行者
trottoir
舗道
zebrapad
横断歩道
vuilnisbak
ゴミ箱
kruispunt
交差点
verkeerslichten
信号

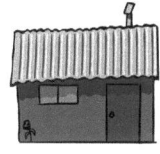

hut

小屋

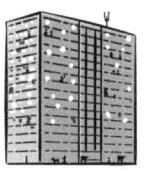

woning

アパート

station

駅

stadshuis

市役所

MUSEUM

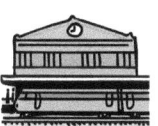

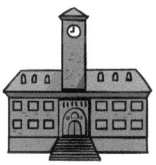

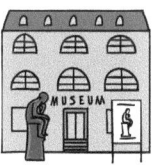

museum

美術館

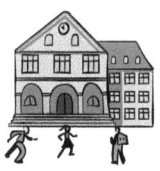

school

学校

universiteit

大学

bank

銀行

ziekenhuis

病院

hotel

ホテル

apotheek

薬局

kantoor

オフィス

boekwinkel

書店

winkel

ショップ

bloemenwinkel

花屋

supermarkt

スーパーマーケット

markt

市場

warenhuis

デパート

vishandelaar

魚屋

winkelcentrum

ショッピングセンター

haven

港

park

公園

bank

ベンチ

brug

橋

trap

階段

metro

地下鉄

tunnel

トンネル

bushalte

バス停

bar

バー

restaurant

レストラン

brievenbus

ポスト

straatnaambord

道路標識

parkeermeter

パーキングメーター

zoo

動物園

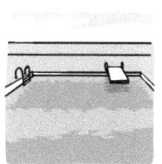

zwembad

スイミングプール

moskee

モスク

boerderij
農場

milieuverontreiniging
汚染

kerkhof
基地

kerk
教会

speelplaats
遊び場

tempel
寺

landschap

風景

blad
葉

wegwijzer
道標

weg
道

weide
草地

steen
石

boom
木

wandelaar
ハイカー

rivier
川

gras
草

bloem
花

vallei

谷

heuvel

山

meer

湖

bos

森

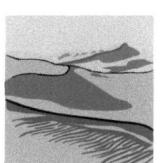

woestijn

砂漠

vulkaan

火山

kasteel

城

regenboog

虹

paddenstoel

キノコ

palmboom

ヤシの木

mug

蚊

vlieg

ハエ

mier

蟻

bijl

ミツバチ

spin

クモ

kever

カブトムシ

kikker

蛙

eekhoorn

リス

egel

ハリネズミ

haas

ウサギ

uil

フクロウ

vogel

鳥

zwaan

白鳥

wild zwijn

雄豚

hert

鹿

eland

ヘラジカ

dam

ダム

windturbine

風力タービン

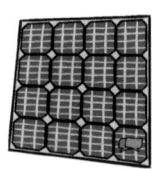

zonnepaneel

ソーラーパネル

klimaat

気候

restaurant
レストラン

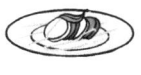

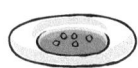

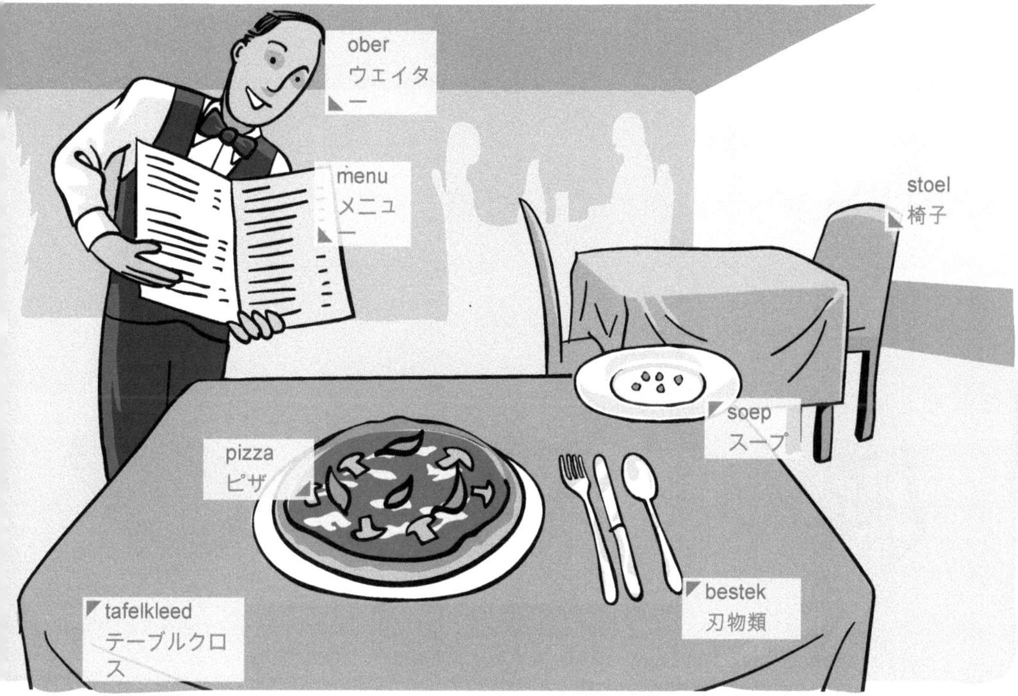
ober
ウェイター
menu
メニュー
stoel
椅子
soep
スープ
pizza
ピザ
bestek
刃物類
tafelkleed
テーブルクロス

voorgerecht

前菜

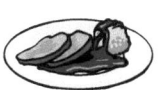

hoofdgerecht

メインコース

nagerecht

デザート

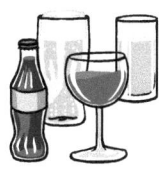

drankjes

飲み物

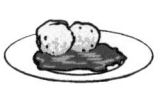

eten

食べ物

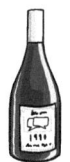

fles

ボトル

fastfood

ファストフード

street food

屋台の食べ物

theepot

ティーポット

suikerpot

砂糖入れ

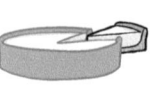

portie

一人前

espressomachine

エスプレッソマシン

kinderstoel

幼児用食事椅子

rekening

請求書

dienblad

トレー

mes

ナイフ

vork

フォーク

lepel

スプーン

theelepel

ティースプーン

serviette

ナプキン

glas

グラス

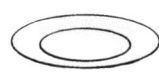

bord
皿

soepbord
スープ皿

schoteltje
受け皿

saus
ソース

zoutvatje
塩入れ

pepermolen
ペッパーミル

azijn
酢

olie
油

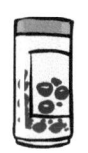

kruiden
スパイス

ketchup
ケチャップ

mosterd
マスタード

mayonaise
マヨネーズ

supermarkt
スーパーマーケット

aanbieding
特価品
FOR
klant
顧客
zuivelproducten
乳製品
fruit
果物
winkelwagen
ショッピング・
カート

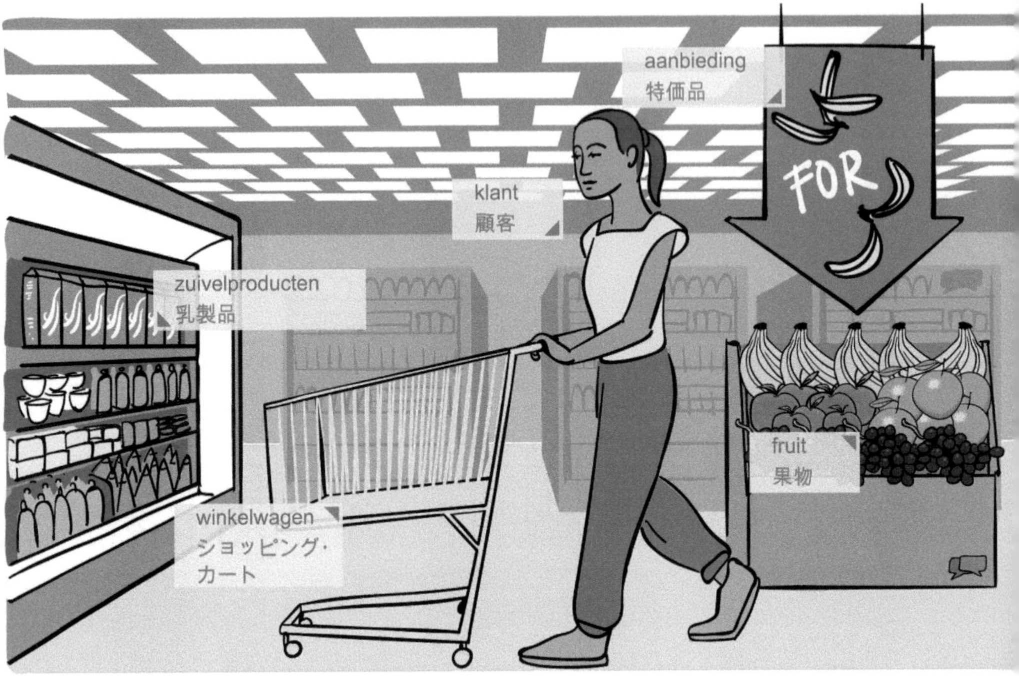

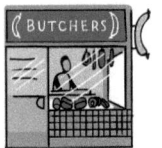

BUTCHERS
slagerij
肉屋

BAKERY
bakkerij
パン屋

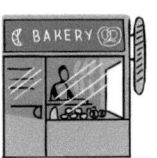

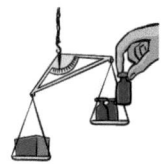

wegen
重さをはかる

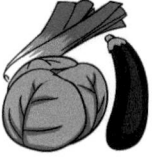

groenten
野菜

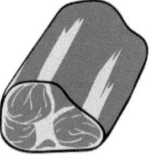

vlees
肉

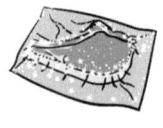

diepvriesvoedsel
冷凍食品

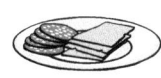

charcuterie

冷肉の薄切り

conserven

缶詰食品

waspoeder

洗剤

snoep

菓子

huishoudproducten

家庭用品

schoonmaakproducten

清掃用品

verkoopster

販売員

kassa

現金箱

kassier

レジ係

boodschappenlijstje

買い物リスト

openingstijden

開館時刻

portefeuille

財布

kredietkaart

クレジットカード

tas

バッグ

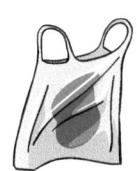

plastieken zakje

ポリ袋

water

水

sap

ジュース

melk

牛乳

cola

コーラ

wijn

ワイン

bier

ビール

alcohol

アルコール

cacao

ココア

thee

紅茶

koffie

コーヒー

espresso

エスプレッソ

cappuccino

カプチーノ

banaan

バナナ

appel

リンゴ

sinaasappel

オレンジ

meloen

メロン

citroen

レモン

wortel

ニンジン

knoflook

ニンニク

bamboe

竹

ajuin

玉ねぎ

champignon

キノコ

noten

ナッツ

noodles

ヌードル

spaghetti

スパゲッティ

rijst

米

salade

サラダ

frieten

フライドポテト

gebakken aardappelen

フライドポテト

pizza

ピザ

hamburger

ハンバーガー

sandwich

サンドウィッチ

kalfslapje

カツレツ

ham

ハム

salami

サラミ

worst

ソーセージ

kip

鶏肉

braden

焼き

vis

魚

havervlokken

麦のお粥

muesli

ムーズリ

cornflakes

コーンフレーク

bloem

小麦粉

croissant

クロワッサン

pistolet

ロールパン

brood

パン

toast

トースト

koekjes

ビスケット

boter

バター

kwark

カッテージチーズ

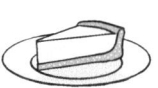

taart

ケーキ

ei

卵

spiegelei

目玉焼き

kaas

チーズ

ijs

アイスクリーム

suiker

砂糖

honing

はちみつ

confituur

ジャム

choco

ヌガークリーム

curry

カレー

boerderij
農場

boerderij
農家
schuur
納屋
strobaal
ストローベール
veld
畑
paard
馬
aanhangwagen
トレーラー
tractor
トラクター
veulen
子馬
ezel
ロバ
schaap
羊
lam
子羊

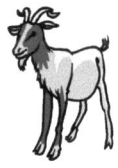

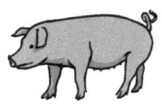

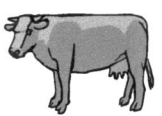

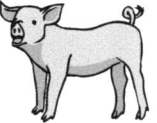

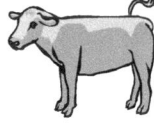

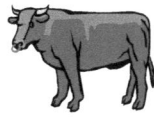

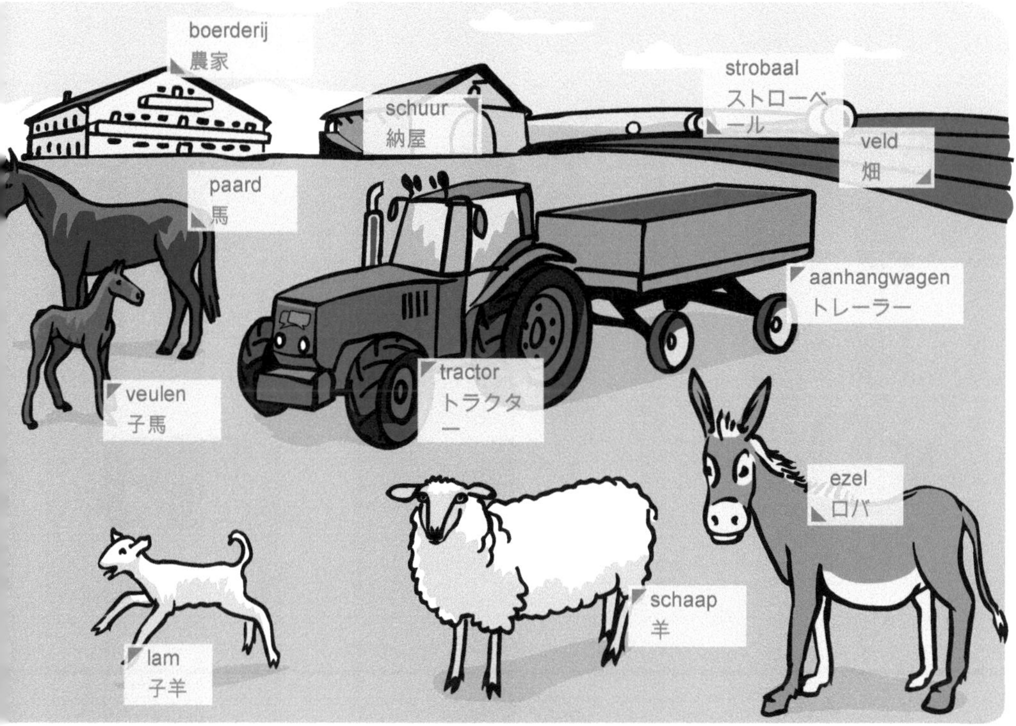

geit
ヤギ

koe
雌牛

kalf
子牛

varken
豚

biggetje
子豚

stier
雄牛

gans
ガチョウ

eend
アヒル

kuiken
ひよこ

kip
にわとり

haan
おんどり

rat
ネズミ

kat
猫

muis
ねずみ

os
雄牛

hond
犬

hondenhok
犬小屋

tuinslang
散水ホース

gieter
じょうろ

zeis
大鎌

ploeg
すき

sikkel

草刈り鎌

schoffel

くわ

hooivork

堆肥用フォーク

bijl

斧

kruiwagen

手押し車

trog

かいばおけ

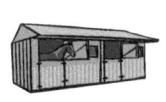

melkkan

牛乳缶

zak

袋

hek

フェンス

stal

畜舎

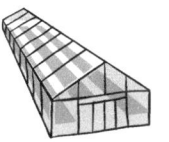

broeikas

温室

bodem

土壌

zaad

種

mest

肥料

maaidorser

コンバイン

oogsten

収穫する

oogst

収穫

yam

ヤマイモ

tarwe

小麦

soja

大豆

aardappel

じゃがいも

maïs

トウモロコシ

koolzaad

菜種

fruitboom

果樹

maniok

キャッサバ

graan

穀物

huis
家

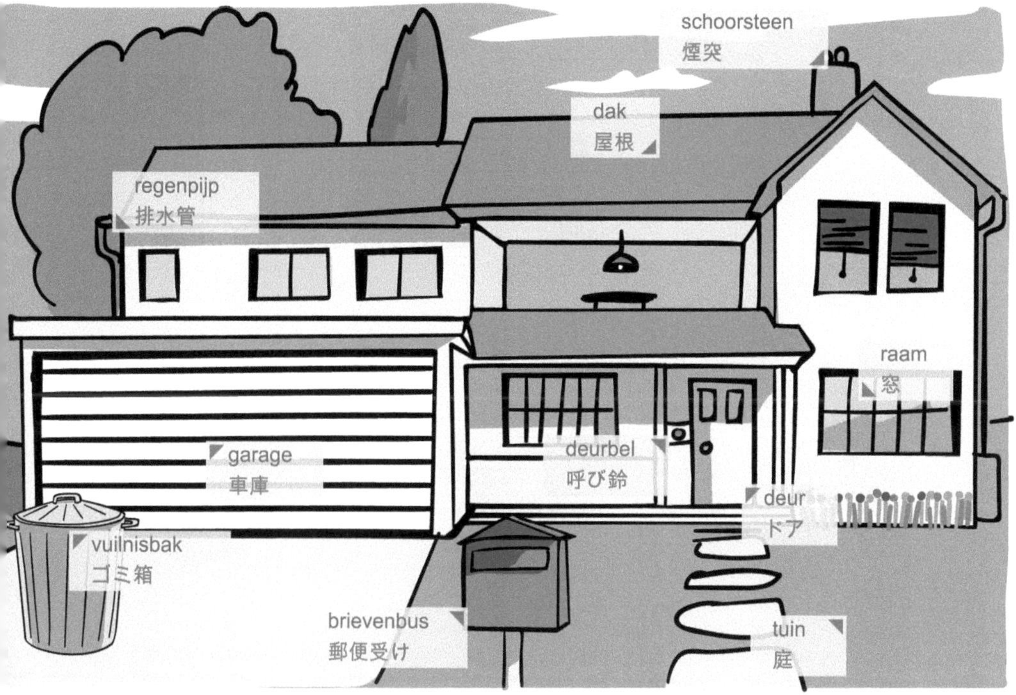
schoorsteen
煙突
dak
屋根
regenpijp
排水管
raam
窓
garage
車庫
deurbel
呼び鈴
deur
ドア
vuilnisbak
ゴミ箱
brievenbus
郵便受け
tuin
庭

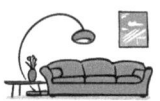

woonkamer
リビングルーム

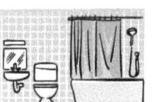

badkamer
浴室

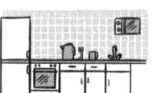

keuken
台所

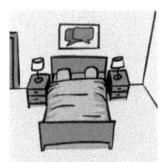

slaapkamer
寝室

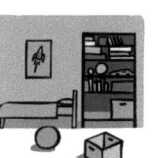

kinderkamer
子供部屋

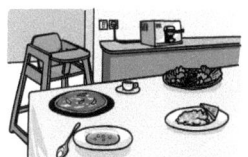

eetkamer
ダイニング· ルーム

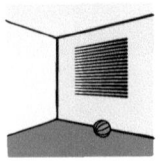

vloer
床

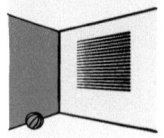

muur
壁

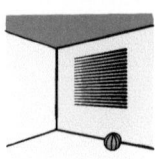

plafond
天井

kelder
地下貯蔵庫

sauna
サウナ

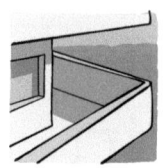

balkon
バルコニー

terras
テラス

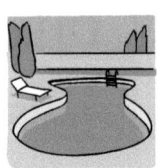

zwembad
プール

grasmaaier
芝刈り機

dekbedovertrek
シーツ

dekbed
ベッドカバー

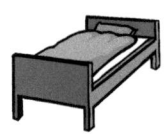

bed
ベッド

bezem
ほうき

emmer
バケツ

schakelaar
スイッチ

woonkamer
リビングルーム

behangpapier
壁紙
foto
絵
lamp
ランプ
schap
棚
kast
食器棚
televisie
テレビ
open haard
暖炉
bloem
花
kussen
クッション
sofa
ソファ
vaas
花瓶
afstandsbediening
リモコン

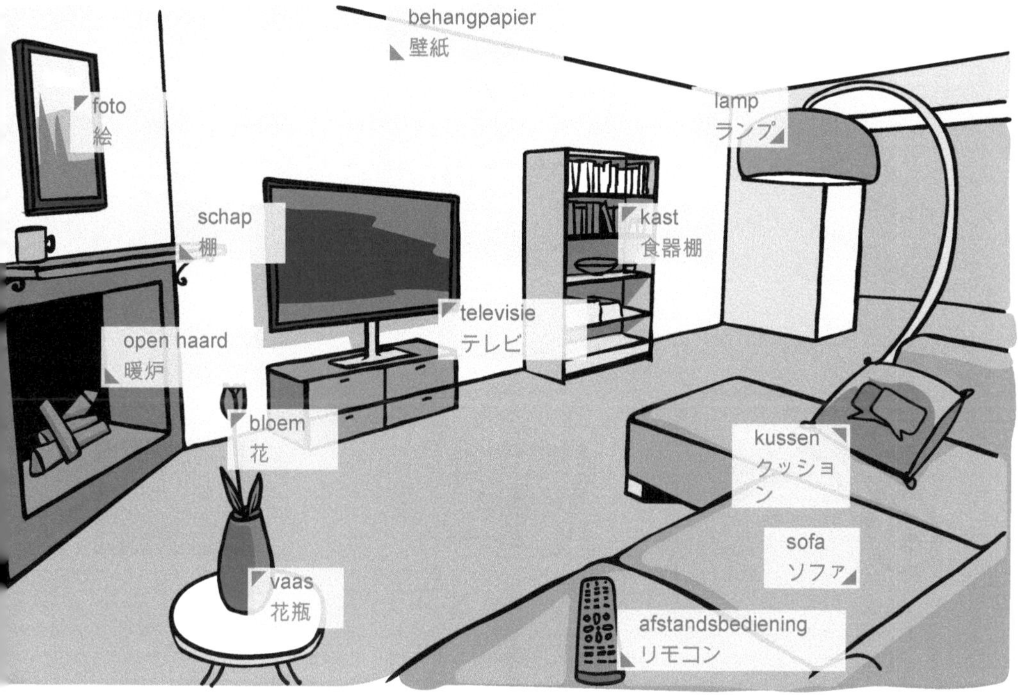

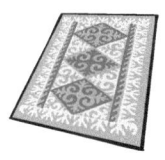

mat

カーペット

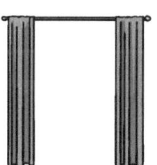

gordijn

カーテン

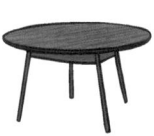

tafel

テーブル

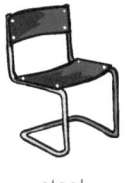

stoel

椅子

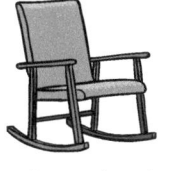

schommelstoel

ロッキングチェア

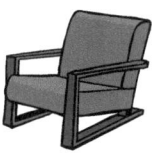

fauteuil

ひじ掛け椅子

boek
本

deken
毛布

decoratie
飾り

brandhout
たきぎ

film
映画

stereo-installatie
ステレオ

sleutel
鍵

krant
新聞

schilderij
絵画

poster
ポスター

radio
ラジオ

notitieboekje
メモ帳

stofzuiger
掃除機

cactus
サボテン

kaars
ろうそく

keuken
台所

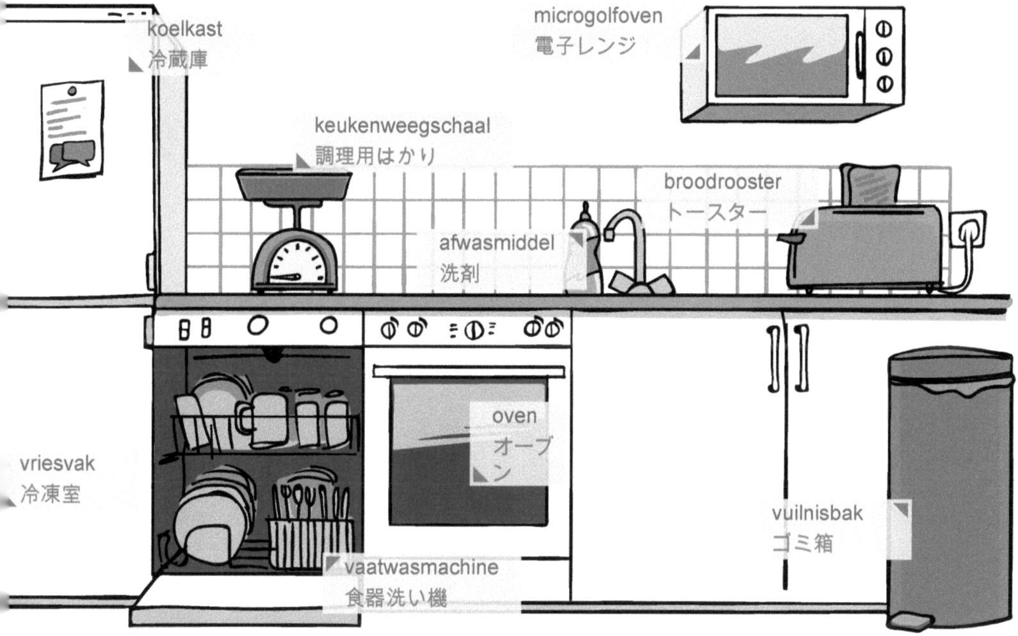

koelkast
冷蔵庫
microgolfoven
電子レンジ
keukenweegschaal
調理用はかり
broodrooster
トースター
afwasmiddel
洗剤
oven
オーブン
vriesvak
冷凍室
vuilnisbak
ゴミ箱
vaatwasmachine
食器洗い機

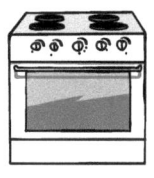

fornuis

こんろ

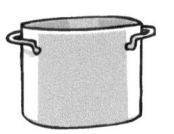

pot

鍋

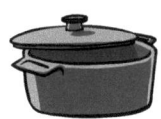

gietijzeren pot

鉄鍋

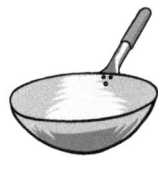

wok / kadai

中華鍋/ カダイ鍋

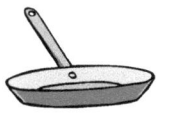

pan

フライパン

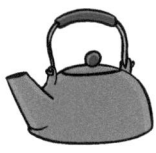

waterkoker

やかん

stoomkoker

蒸し器

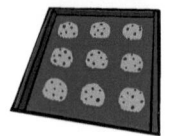

bakplaat

天板

servies

食器

mok

マグカップ

kom

ボウル

eetstokjes

箸

pollepel

おたま

spatel

へら

garde

泡立て器

vergiet

こし器

zeef

ふるい

rasp

すりおろし器

mortier

すり鉢

barbecue

バーベキュー

haardvuur

かまど

snijplank

まな板

deegrol

麺棒

kurkentrekker

栓抜き

blik

缶

blikopener

缶切り

pannenlap

鍋つかみ

gootsteen

流し

borstel

ブラシ

spons

スポンジ

blender

ミキサー

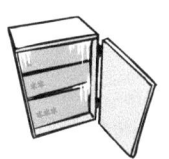

vriezer

冷凍庫

papfles

哺乳瓶

kraan

蛇口

badkamer

浴室

verwarming
ヒーター
handdoek
タオル
douche
シャワー
douchegordijn
シャワーカーテン
bubbelbad
泡風呂
badkuip
浴槽
glas
グラス
wasmachine
洗濯機
kraan
蛇口
tegels
タイル
kinderpo
おまる
gootsteen
流し

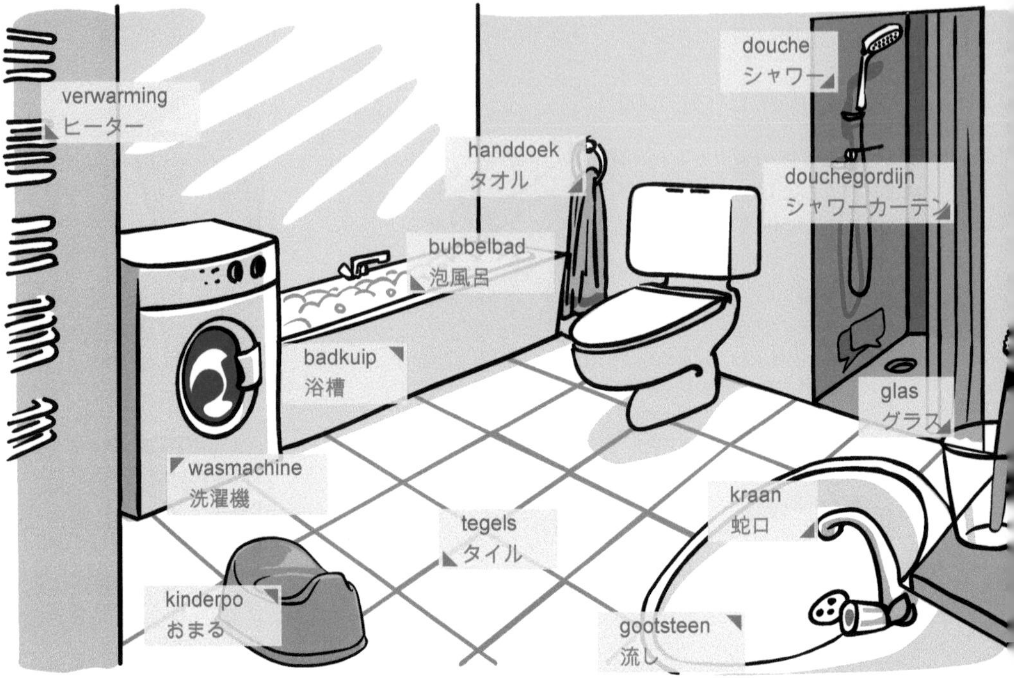

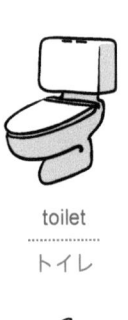

toilet

トイレ

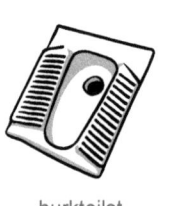

hurktoilet

和式トイレ

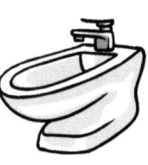

bidet

ビデ

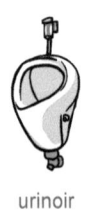

urinoir

小便器

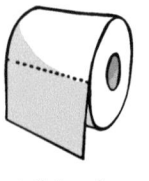

toiletpapier

トイレットペーパー

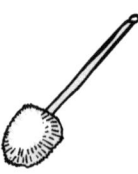

toiletborstel

トイレブラシ

tandenborstel

歯ブラシ

tandpasta

歯みがき

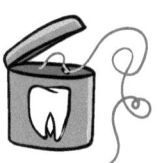

flosdraad

デンタルフロス

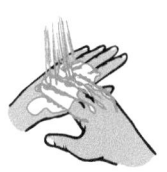

wassen

洗う

handdouche

シャワーヘッド

bidethanddouche

ハンドビデ

waskom

洗面台

rugborstel

ボディブラシ

zeep

石鹸

douchegel

シャワー用ジェル

shampoo

シャンプー

washandje

浴用タオル

afvoer

排水口

crème

クリーム

deodorant

消臭

spiegel

鏡

handspiegel

手鏡

scheermes

かみそり

scheerschuim

シェービング・フォーム

aftershave

アフターシェーブローション

kam

櫛

borstel

ブラシ

haardroger

ドライヤー

haarlak

ヘアスプレー

make-up

化粧

lippenstift

口紅

nagellak

マニキュア

watten

脱脂綿

nagelknipper

爪切り

parfum

香水

toilettas

洗面用具入れ

kruk

スツール

weegschaal

体重計

badjas

バスローブ

latex handschoenen

ゴム手袋

tampon

タンポン

maandverband

生理用ナプキン

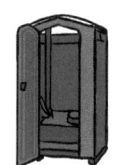

chemisch toilet

ケミカルトイレ

kinderkamer

子供部屋

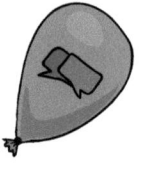

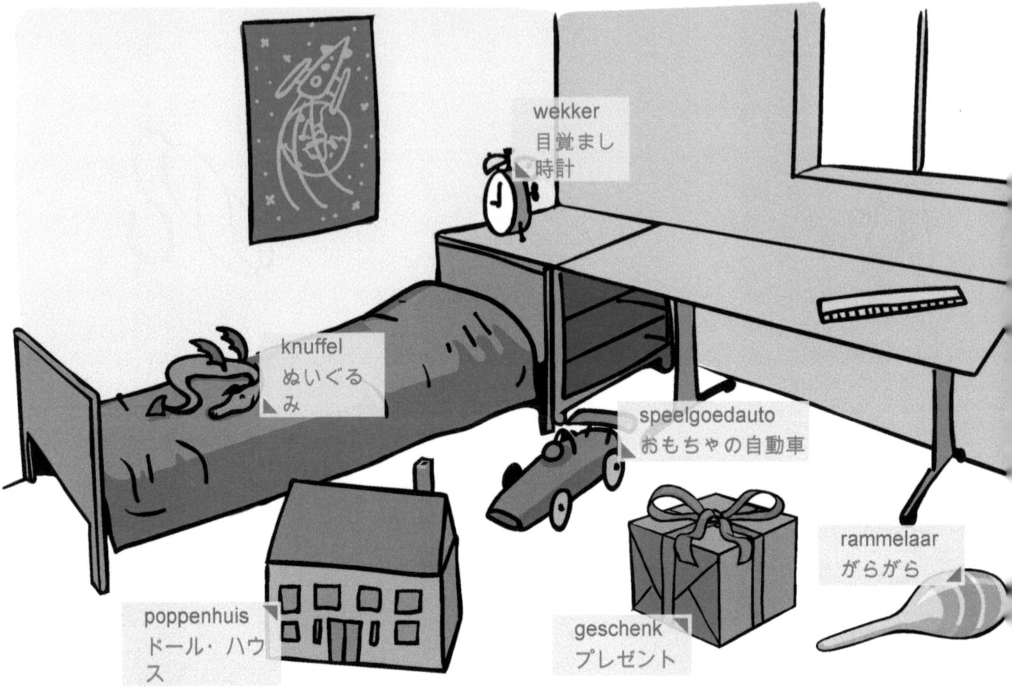

wekker
目覚まし時計
knuffel
ぬいぐるみ
speelgoedauto
おもちゃの自動車
rammelaar
がらがら
poppenhuis
ドール・ハウス
geschenk
プレゼント

ballon
風船

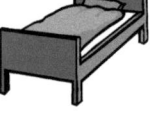

bed
ベッド

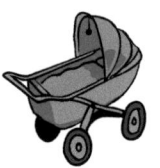

kinderwagen
ベビーカー

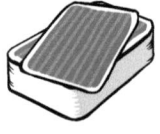

spel kaarten
カードゲーム

puzzel
ジグソーパズル

SUPER MEGA

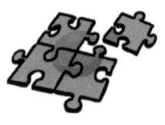

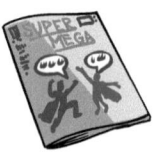

stripboek
漫画

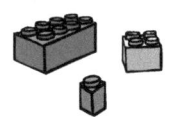

legoblokjes

レゴ

blokken

玩具ブロック

actiefiguur

アクションフィギュア

kruippakje

ロンパース

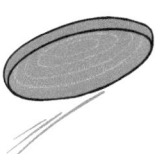

frisbee

フリスビー

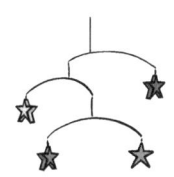

mobiel

モバイル

bordspel

ボードゲーム

dobbelsteen

さいころ

modelspoorweg

鉄道模型

fopspeen

おしゃぶり

feest

パーティー

prentenboek

絵本

bal

ボール

pop

人形

spelen

遊ぶ

zandbak

砂場

schommel

ブランコ

speelgoed

おもちゃ

spelconsole

ゲーム機

driewieler

三輪車

knuffelbeer

テディベア

kleerkast

衣装ダンス

kleding

衣服

sokken

靴下

kousen

ストッキング

maillot

タイツ

sjaal
スカーフ

paraplu
雨傘

T-shirt
Tシャツ

riem
ベルト

sneakers
スニーカー

laarzen
ブーツ

slippers
スリッパ

sandalen
サンダル

schoenen
靴

rubberlaarzen
ゴム長靴

onderbroek
パンツ

beha
ブラ

onderhemd
ベスト

lichaam

ボディースーツ

broek

ズボン

jeans

ジーンズ

rok

スカート

blouse

ブラウス

hemd

シャツ

trui

セーター

capuchontrui

パーカー

blazer

ブレザー

jas

ジャケット

jas

コート

regenjas

レインコート

kostuum

服装

jurk

ドレス

trouwjurk

ウェディングドレス

pak
スーツ

nachthemd
ナイトガウン

pyjama
パジャマ

sari
サリー

hoofddoek
ヘッドスカーフ

tulband
ターバン

boerka
ブルカ

kaftan
カフタン

abaya
アバヤ

badpak
水着

zwembroek
トランクス

short
半ズボン

trainingspak
スウェットスーツ

schort
エプロン

handschoenen
手袋

knoop

ボタン

bril

メガネ

armband

ブレスレット

ketting

ネックレス

ring

指輪

oorbel

イヤリング

pet

帽子

kapstok

ハンガー

hoed

帽子

das

ネクタイ

rits

ファスナー

helm

ヘルメット

bretellen

サスペンダー

schooluniform

制服

uniform

ユニフォーム

slabbetje

よだれかけ

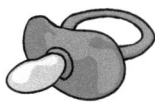

fopspeen

おしゃぶり

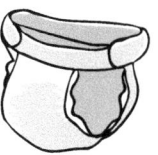

luier

おむつ

kantoor
オフィス

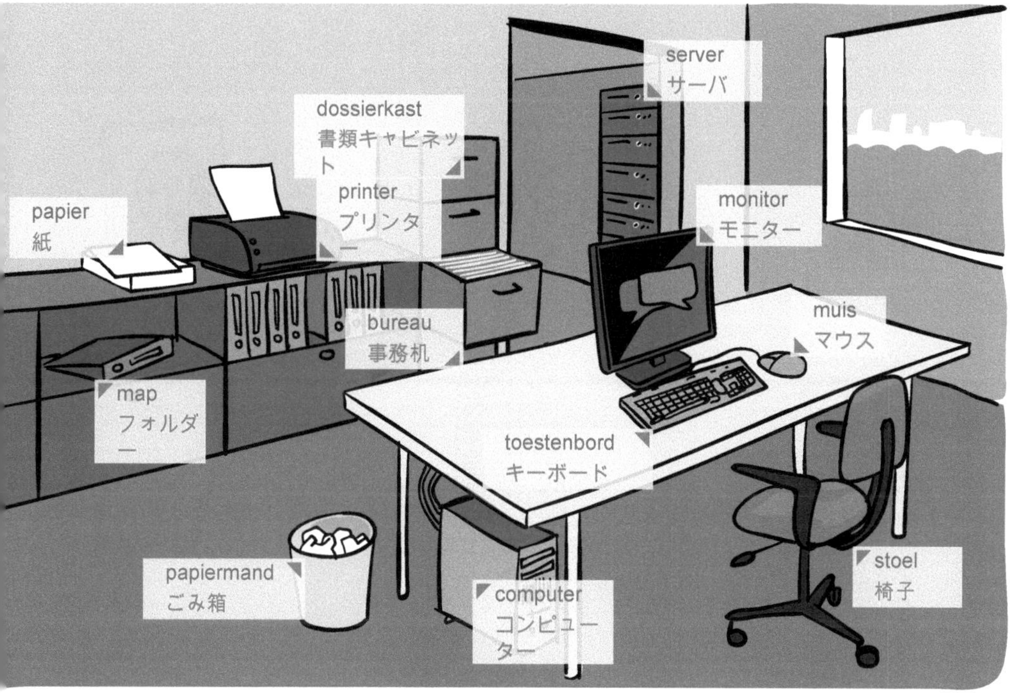

server
サーバ

dossierkast
書類キャビネット

printer
プリンタ
ー

papier
紙

monitor
モニター

bureau
事務机

muis
マウス

map
フォルダ
ー

toestenbord
キーボード

papiermand
ごみ箱

stoel
椅子

computer
コンピュー
ター

koffiemok

コーヒーマグ

rekenmachine

計算機

internet

インターネット

laptop

ラップトップ

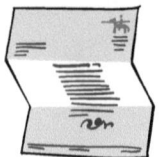

brief

手紙

bericht

メッセージ

gsm

携帯電話

netwerk

ネットワーク

kopieerapparaat

コピー機

software

ソフトウェア

telefoon

電話

stopcontact

コンセント

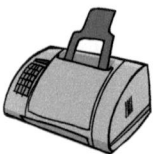

fax

ファックス

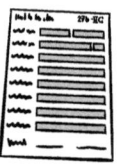

formulier

フォーム

document

書類

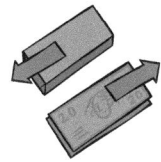

kopen

買う

betalen

支払う

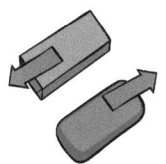

handelen

取引する

geld

お金

dollar

ドル

euro

ユーロ

yen

円

roebel

ルーブル

Zwitserse frank

スイスフラン

Chinese renminbi

人民元

roepie

ルピー

geldautomaat

キャッシュポイント

wisselkantoor

両替所

goud

金

zilver

銀

olie

油

energie

エネルギー

prijs

価格

contract

契約

belasting

税金

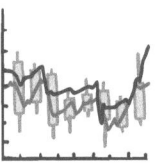

aandeel

株

werken

働く

werknemer

従業員

werkgever

雇用主

fabriek

工場

winkel

ショップ

beroepen
職業

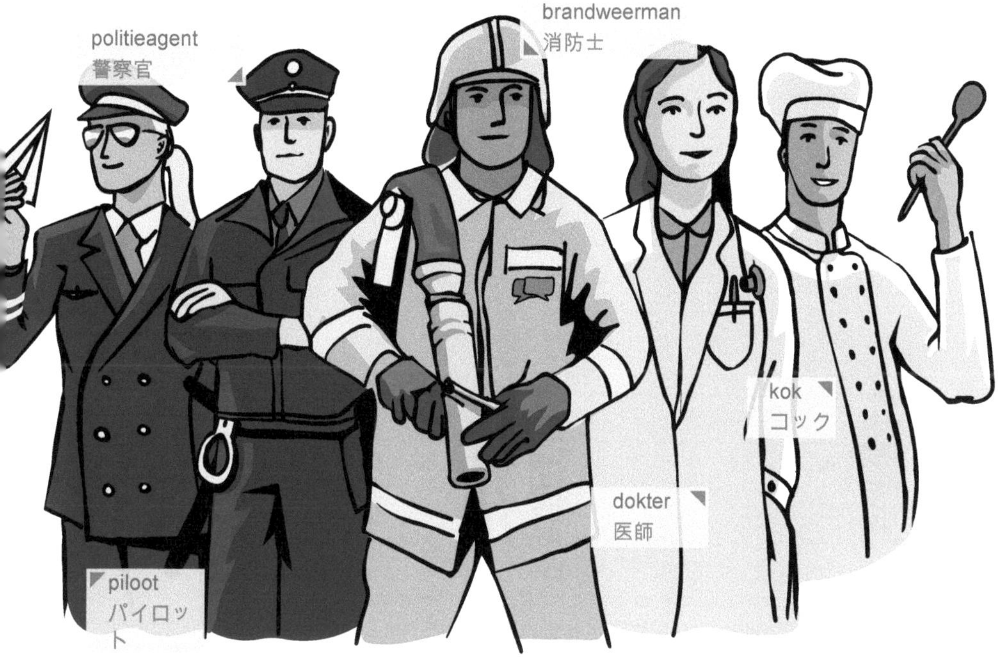

politieagent
警察官
brandweerman
消防士
kok
コック
dokter
医師
piloot
パイロット

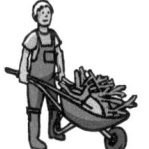

tuinman

庭師

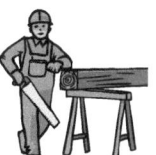

timmerman

大工

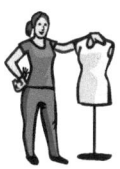

naaister

お針子

rechter

裁判官

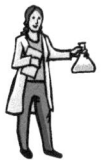

chemicus

化学者

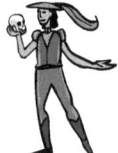

acteur

俳優

buschauffeur

バスの運転手

taxichauffeur

タクシー運転手

visser

漁師

schoonmaakster

掃除婦

dakdekker

屋根ふき職人

ober

ウェイター

jager

ハンター

schilder

塗装工

bakker

パン屋

elektricien

電気工

bouwvakker

建設作業員

ingenieur

エンジニア

slager

肉屋

loodgieter

配管工

postbode

郵便配達人

soldaat

軍人

architect

建築家

kassier

レジ係

bloemist

花屋

kapper

美容師

conducteur

車掌

mecanicien

機械工

kapitein

キャプテン

tandarts

歯科医

wetenschapper

科学者

rabbijn

ラビ

imam

イスラム導師

monnik

修道士

geestelijke

牧師

werktuigen
道具

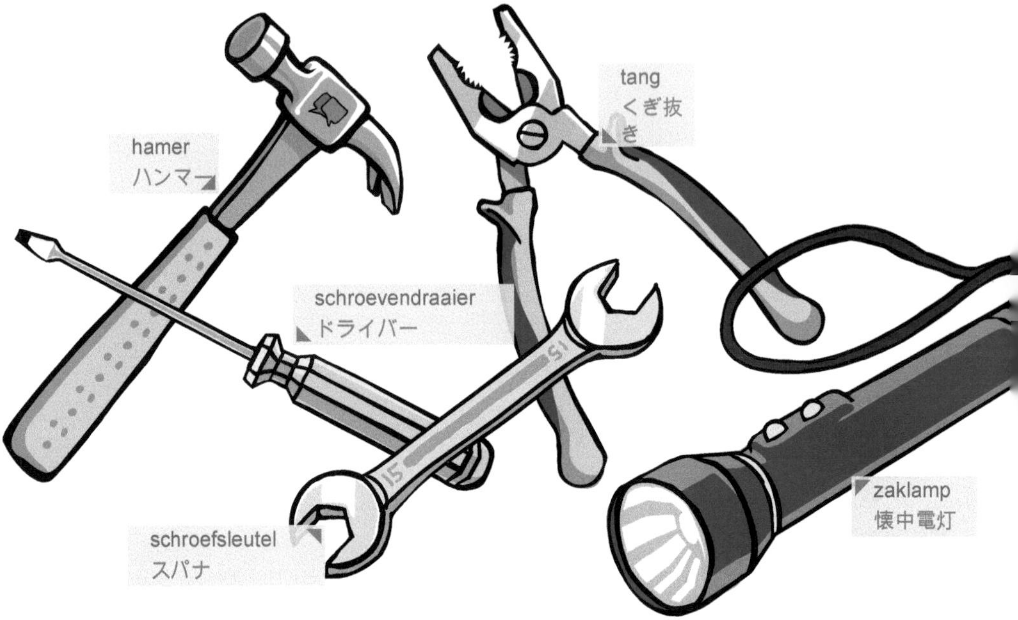

hamer
ハンマー
tang
くぎ抜き
schroevendraaier
ドライバー
schroefsleutel
スパナ
zaklamp
懐中電灯

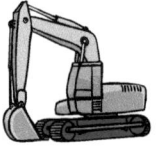

graafmachine

掘削機

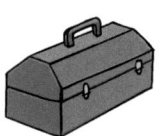

gereedschapskoffer

道具箱

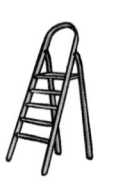

ladder

はしご

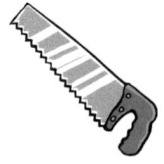

zaag

のこぎり

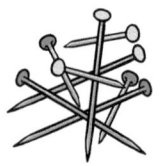

spijkers

釘

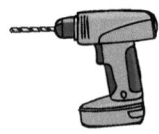

boormachine

ドリル

repareren
修理する

schop
シャベル

Verdomme!
クソ！

blik
ちりとり

verfpot
ペンキ缶

schroeven
ネジ

muziekinstrumenten
楽器

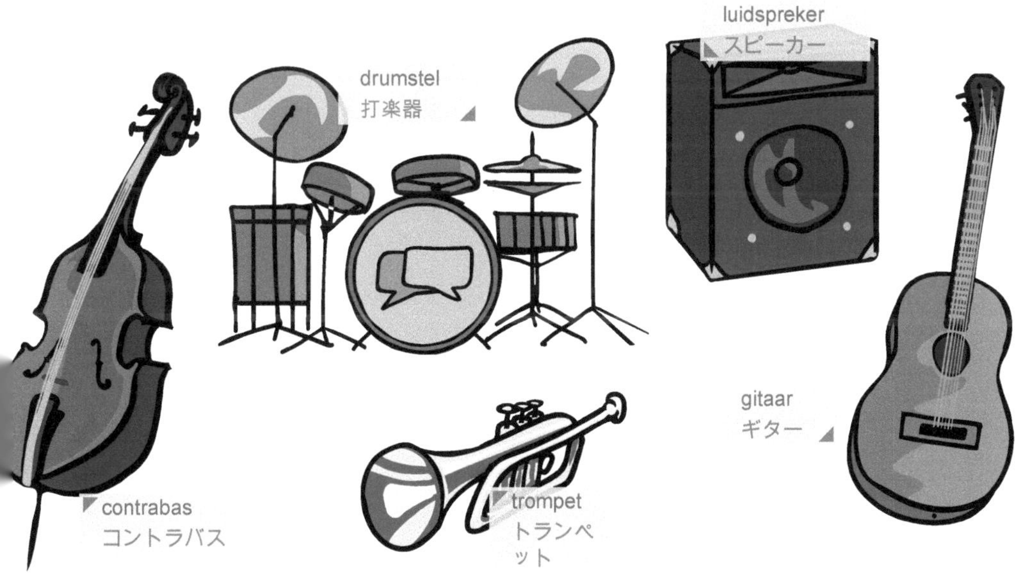

luidspreker
スピーカー

drumstel
打楽器

gitaar
ギター

contrabas
コントラバス

trompet
トランペ
ット

piano

ピアノ

viool

バイオリン

basgitaar

バス

pauk

ティンパニ

trommels

ドラム

keyboard

キーボード

saxofoon

サックス

fluit

フルート

microfoon

マイクロフォン

ZOO

動物園

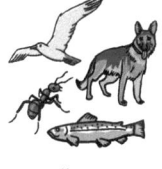

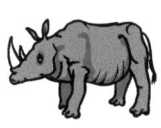

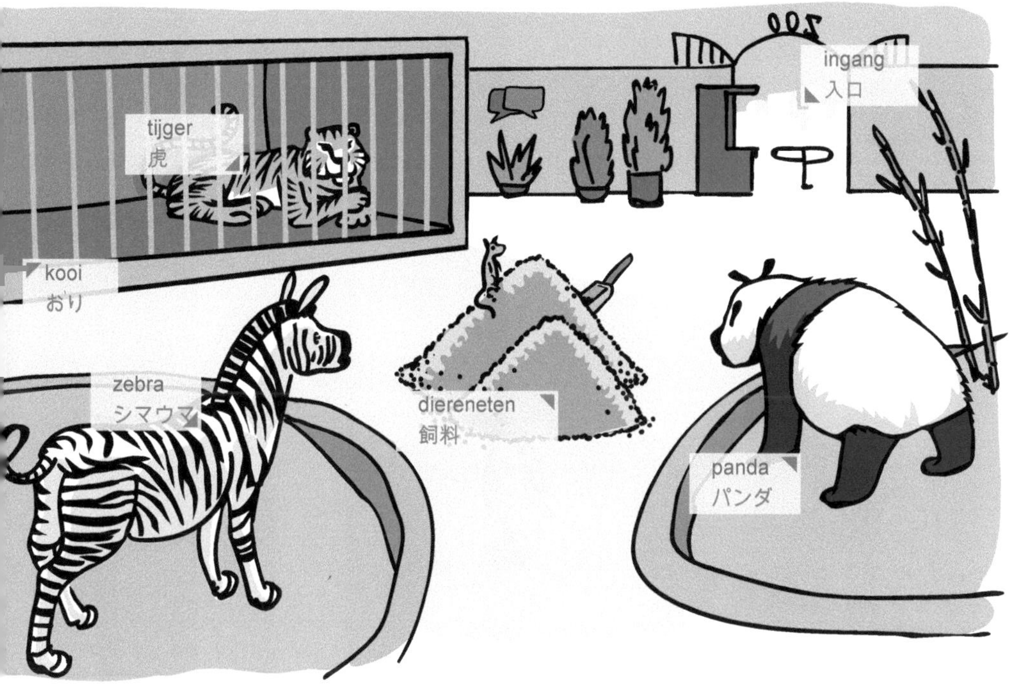
ingang
入口
tijger
虎
kooi
おり
zebra
シマウマ
diereneten
飼料
panda
パンダ

dieren

動物

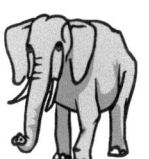

olifant

象

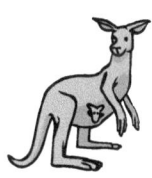

kangoeroe

カンガルー

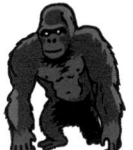

neushoorn

サイ

gorilla

ゴリラ

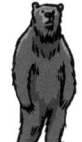

beer

熊

kameel

ラクダ

struisvogel

ダチョウ

leeuw

ライオン

aap

猿

flamingo

フラミンゴ

papegaai

オウム

ijsbeer

白クマ

pinguïn

ペンギン

haai

サメ

pauw

クジャク

slang

蛇

krokodil

ワニ

dierenverzorger

飼育係

zeehond

アザラシ

jaguar

ジャガー

pony

ポニー

luipaard

ヒョウ

nijlpaard

カバ

giraffe

キリン

adelaar

鷲

wild zwijn

雄豚

vis

魚

zeeschildpad

亀

walrus

セイウチ

vos

狐

gazelle

ガゼル

rugby
アメフト

wielrennen
サイクリング

tennis
テニス

basketbal
バスケットボ
ール

zwemmen
水泳

ijshockey
アイスホッケ
ー

boksen
ボクシン
グ

voetbal

サッカー

badminton

バドミントン

atletiek

陸上競技

handbal

ハンドボール

skiën

スキー

polo

ポロ

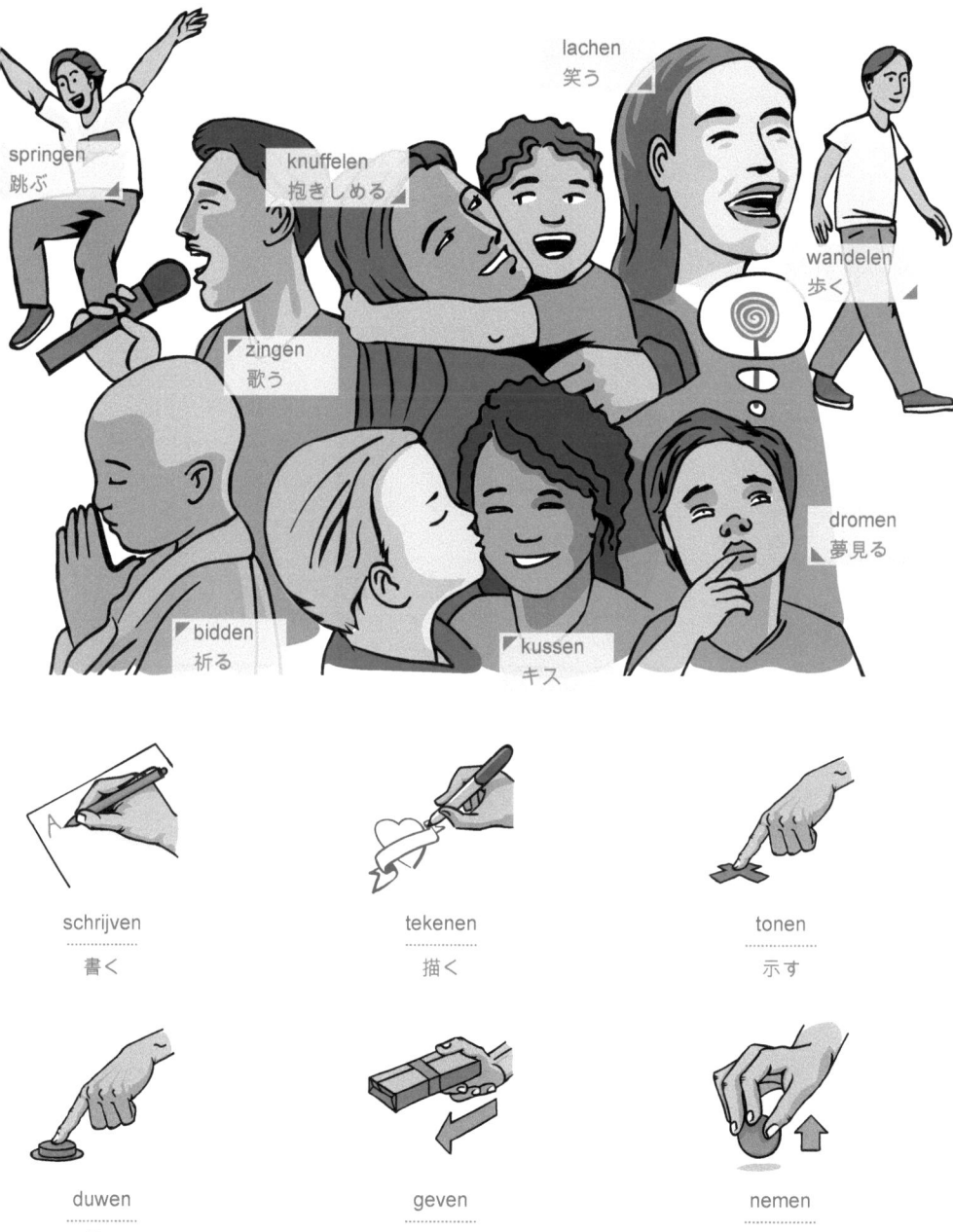

springen
跳ぶ

knuffelen
抱きしめる

lachen
笑う

wandelen
歩く

zingen
歌う

dromen
夢見る

bidden
祈る

kussen
キス

schrijven
書く

tekenen
描く

tonen
示す

duwen
押す

geven
与える

nemen
取る

hebben

持っている

doen

する

zijn

ある

staan

立つ

lopen

走る

trekken

引く

gooien

投げる

vallen

落ちる

liggen

横たわっている

wachten

待つ

dragen

運ぶ

zitten

座る

aankleden

着る

slapen

眠る

ontwaken

目が覚める

kijken naar
見る

wenen
泣く

aaien
なでる

kammen
櫛ですく

praten
話す

begrijpen
理解する

vragen
質問する

luisteren
聞く

drinken
飲む

eten
食べる

opruimen
片づける

houden van
愛する

koken
料理する

rijden
運転する

vliegen
飛ぶ

zeilen

ヨットに乗る

rekenen

計算する

Lezen

読む

leren

学ぶ

werken

働く

trouwen

結婚する

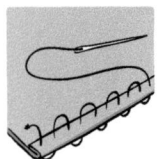

naaien

縫う

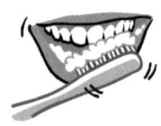

tandenpoetsen

歯を磨く

doden

殺す

roken

喫煙する

sturen

送る

familie
家族

grootmoeder
祖母
grootvader
祖父
vader
父
moeder
母
baby
赤ん坊
dochter
娘
zoon
息子

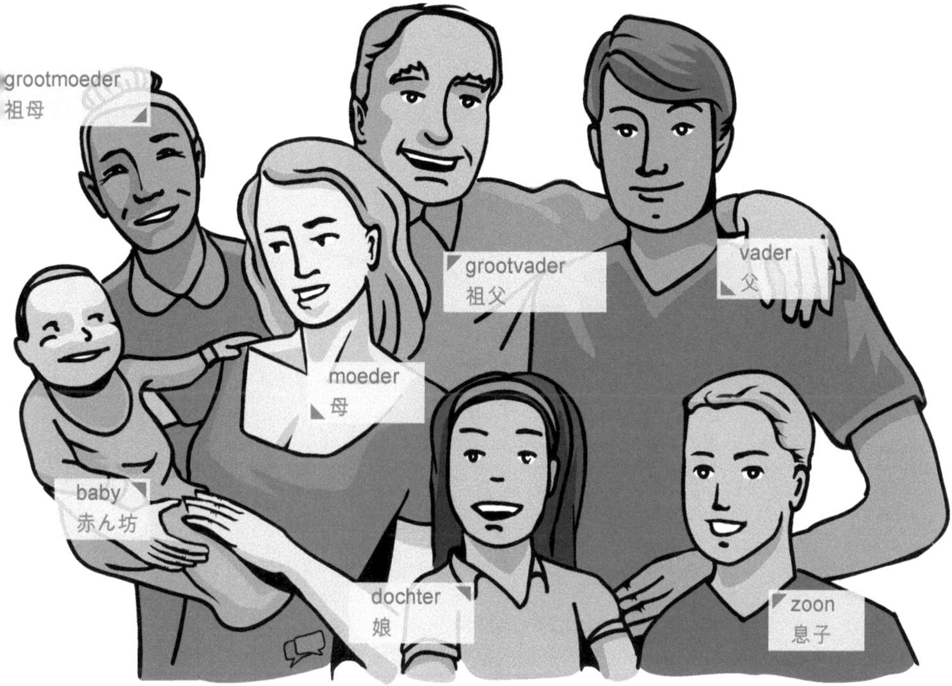

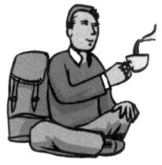

gast

お客様

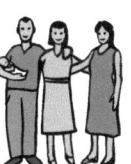

tante

おば

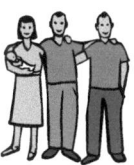

oom

おじ

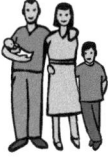

broer

兄弟

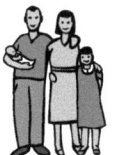

zus

姉妹

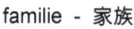

lichaam

体

voorhoofd
ひたい
oog
目
schouder
肩
vinger
指
gezicht
顔
kin
あご
hand
手
borst
胸
been
脚
arm
腕

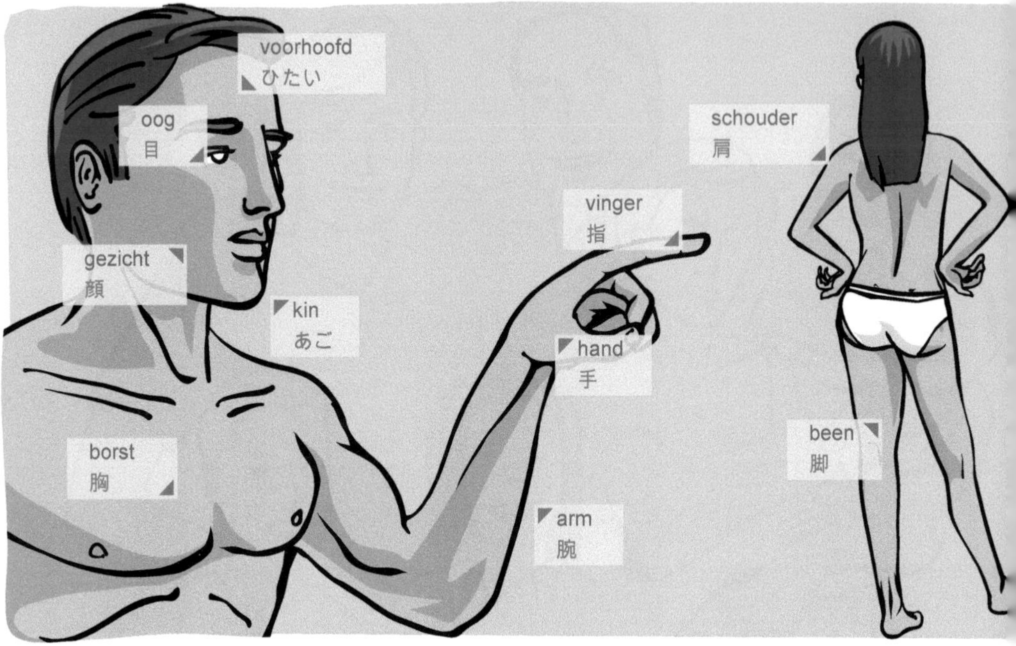

baby
赤ん坊

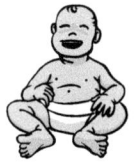

man
男性

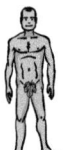

vrouw
女性

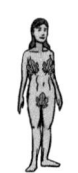

meisje
少女

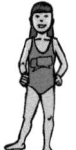

jongen
少年

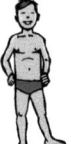

hoofd
頭

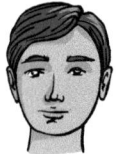

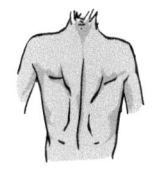

rug

背中

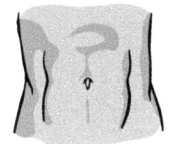

buik

腹

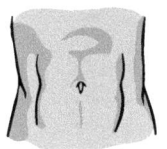

navel

へそ

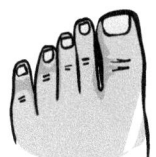

teen

足指

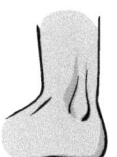

hiel

かかと

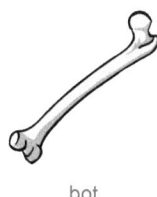

bot

骨

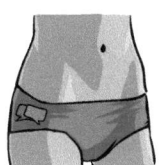

heup

腰

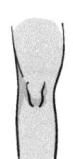

knie

ひざ

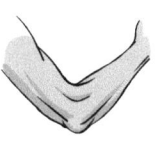

elleboog

ひじ

neus

鼻

zitvlak

尻

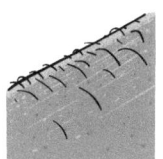

huid

皮膚

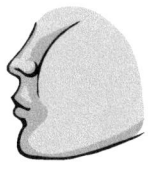

wang

頬

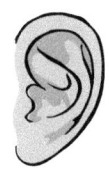

oor

耳

lip

唇

mond

口

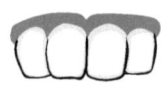

tand

歯

tong

舌

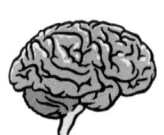

hersenen

脳

hart

心臓

spier

筋肉

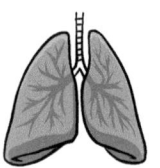

long

肺

lever

肝臓

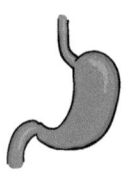

maag

胃

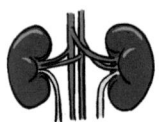

nieren

腎臓

seks

セックス

condoom

コンドーム

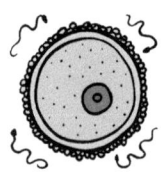

eicel

卵細胞

sperma

精液

zwangerschap

妊娠

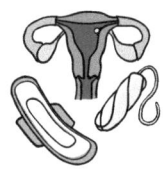

menstruatie

月経

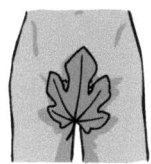

vagina

膣

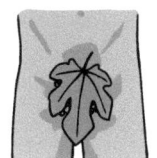

penis

ペニス

wenkbrauw

眉

haar

髪

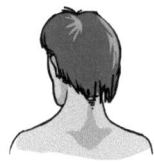

nek

首

ziekenhuis
病院

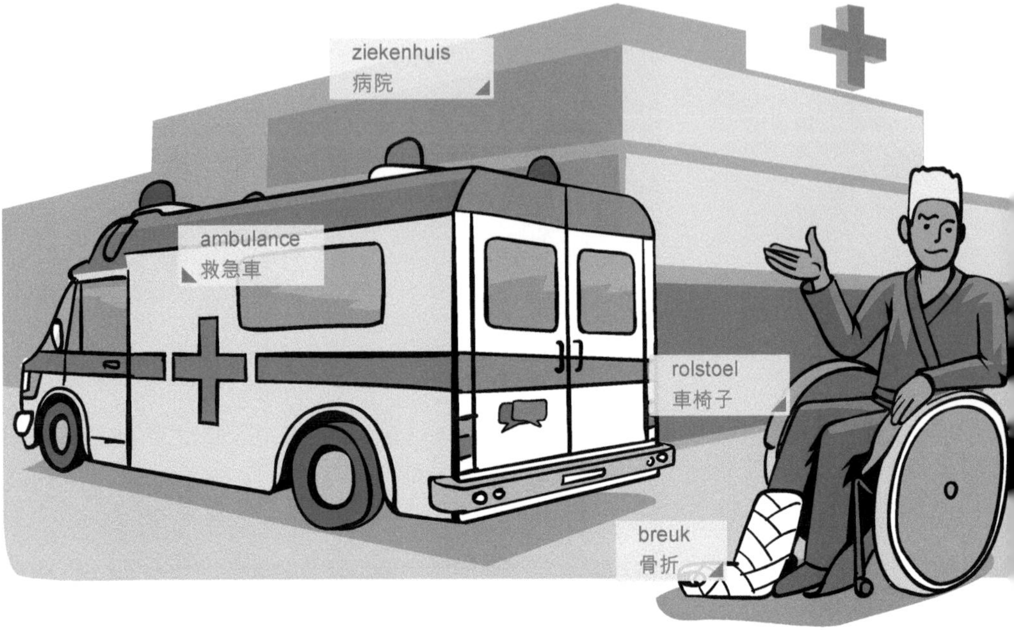

ziekenhuis
病院
ambulance
救急車
rolstoel
車椅子
breuk
骨折

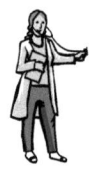

dokter

医師

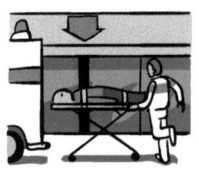

spoed

救急治療室

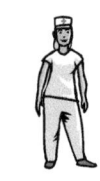

verpleegkundige

看護師

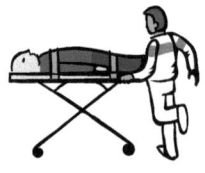

noodgeval

救急

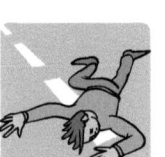

bewusteloos

失神

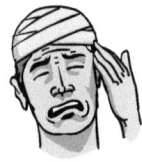

pijn

痛み

verwonding

けが

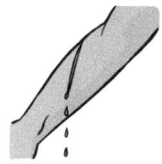

bloeding

出血

hartaanval

心臓発作

beroerte

脳卒中

allergie

アレルギー

hoest

咳

koorts

熱

griep

インフルエンザ

diarree

下痢

hoofdpijn

頭痛

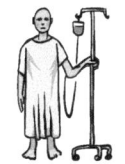

kanker

癌

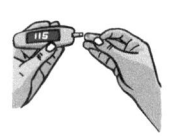

diabetes

糖尿病

chirurg

外科医

scalpel

外科用メス

operatie

手術

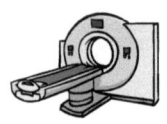

CT

CT

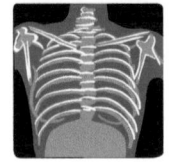

röntgenstraal

レントゲン

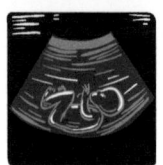

ultrageluid

超音波

gezichtsmasker

マスク

ziekte

病気

wachtkamer

待合室

kruk

松葉づえ

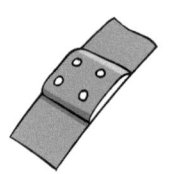

pleister

ばんそうこう

verband

包帯

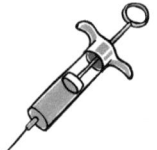

injectie

注射

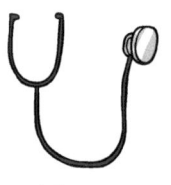

stethoscoop

聴診器

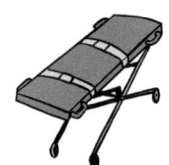

brancard

担架

thermometer

体温計

geboorte

出産

overgewicht

肥満

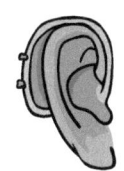

hoorapparaat
補聴器

ontsmettingsmiddel
消毒剤

infectie
感染

virus
ウイルス

HIV / AIDS
HIV / エイズ

medicijn
内服薬

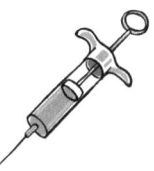

vaccinatie
予防接種

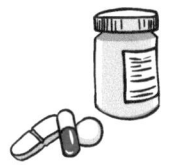

tabletten
錠剤

pil
ピル

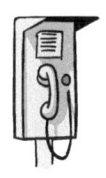

noodoproep
緊急電話

bloeddrukmeter
血圧計

ziek / gezond
病気の ／ 健康な

Help!

助けて！

alarm

アラーム

overval

暴行

aanval

攻撃

gevaar

危険

nooduitgang

非常口

Brand!

火事だ！

brandblusser

消火器

ongeval

事故

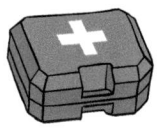

EHBO-kit

救急箱

SOS

SOS

politie

警察

Europa

ヨーロッパ

Noord-Amerika

北米

Zuid-Amerika

南米

Afrika

アフリカ

Azië

アジア

Australië

オーストラリア

Atlantische Oceaan

大西洋

Stille Oceaan

太平洋

Indische Oceaan

インド洋

Antarctische Oceaan

南極海

Arctische Oceaan

北極海

Noordpool

北極

Zuidpool

南極

Antarctica

南極大陸

aarde

地球

land

陸

zee

海

eiland

島

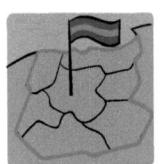

natie

国家

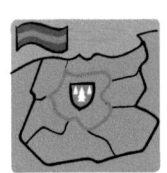

staat

国家

wijzerplaat

文字盤

uurwijzer

短針

minuutwijzer

長針

secondewijzer

秒針

Hoe laat is het?

何時ですか？

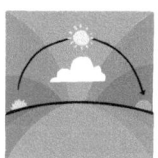

dag

日

tijd

時間

nu

現在

digitale horloge

デジタル時計

minuut

分

uur

時間

maandag
月曜

MO

woensdag
水曜

W

vrijdag
金曜

FR

TU

dinsdag
火曜

TH

zaterdag
土曜

SA

SO

donderdag
木曜

zondag
日曜

gisteren
....
昨日

vandaag
....
今日

morgen
....
明日

ochtend
....
朝

middag
....
昼

avond
....
夜

MO	TU	WE	TH	FR	SA	SU
1	2	3	4	5	6	7
8	9	10	11	12	13	14
15	16	17	18	19	20	21
22	23	24	25	26	27	28
29	30	31	1	2	3	4

MO	TU	WE	TH	FR	SA	SU
1	2	3	4	5	6	7
8	9	10	11	12	13	14
15	16	17	18	19	20	21
22	23	24	25	26	27	28
29	30	31	1	2	3	4

werkdagen
....
営業日

weekend
....
週末

regen
雨

regenboog
虹

wind
風

sneeuw
雪

lente
春

zomer
夏

herfst
秋

winter
冬

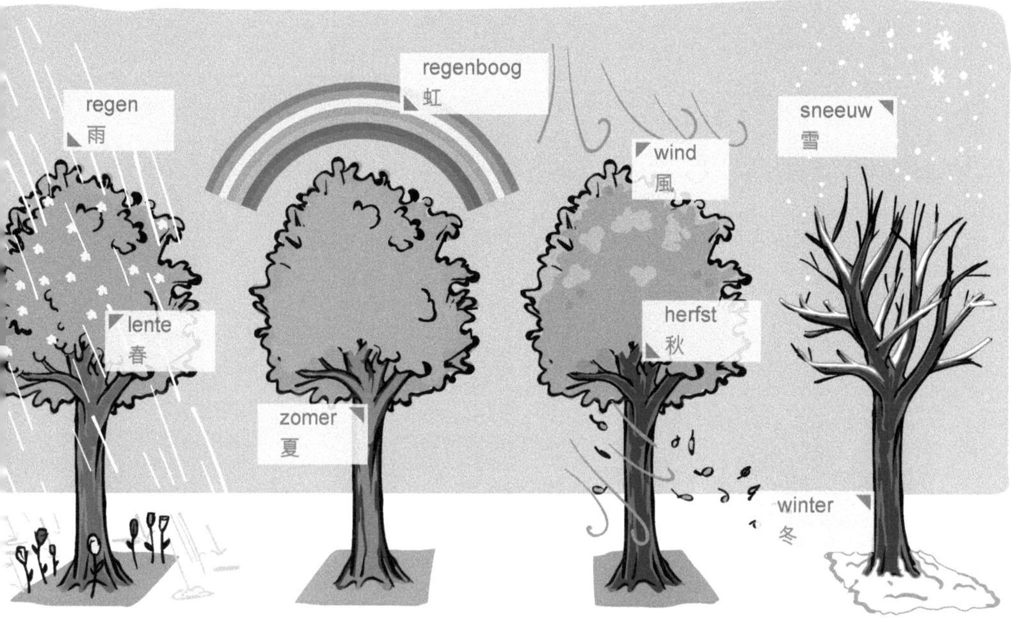

weervoorspelling
天気予報

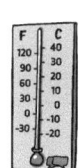

thermometer
温度計

zonneschijn
日差し

wolk
雲

mist
霧

vochtigheid
湿度

bliksem

....

雷

donder

....

雷

storm

....

嵐

hagel

....

ひょう

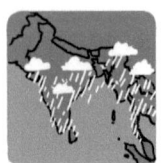

moesson

....

季節風

overstroming

....

洪水

ijs

....

氷

januari

....

1月

februari

....

2月

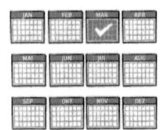

maart

....

3月

april

....

4月

mei

....

5月

juni

....

6月

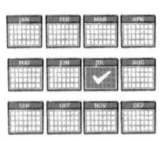

juli

....

7月

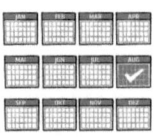

augustus

....

8月

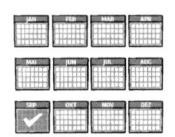

september

9月

oktober

10月

november

11月

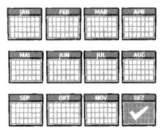

december

12月

vormen

形

cirkel

円

kwadraat

正方形

rechthoek

長方形

driehoek

三角

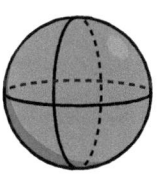

bol

球

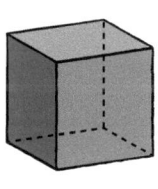

kubus

立方体

kleuren
色

wit
白

geel
黄

oranje
オレンジ

roze
ピンク

rood
赤

paars
紫

blauw
青

groen
緑

bruin
茶

grijs
灰色

zwart
黒

veel / weinig

多い　／　少ない

boos / kalm

怒っている /
落ち着いている

mooi / lelijk

美しい　／　醜い

begin / einde

初め　／　終わり

groot / klein

大きい　／　小さい

licht / donker

明るい　／　暗い

broer / zus

兄弟　／　姉妹

proper / vuil

清潔な / 汚い

volledig / onvolledig

完全な　／　不完全な

dag / nacht

日中　／　夜

dood / levend

死んだ　／　生きている

breed / smal

幅広い　／　狭い

eetbaar / oneetbaar

食べられる /
食べられない

kwaadaardig / vriendelijk

悪意のある / 親切な

opgewonden / verveeld

興奮している /
退屈している

dik / dun

太った / 痩せた

eerst / laatst

最初に / 最後に

vriend / vijand

友人 / 敵

vol / leeg

いっぱいの / 空の

hard / zacht

硬い / 柔らかい

zwaar / licht

重い / 軽い

honger / dorst

空腹 / 喉の渇き

ziek / gezond

病気の / 健康な

illegaal / legaal

違法な / 合法な

intelligent / dom

賢い / 愚かな

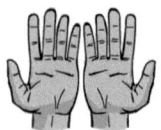

links / rechts

左に / 右に

dichtbij / veraf

近い / 遠い

nieuw / gebruikt

新しい / 中古の

niets / iets

何もない / 何かある

oud / jong

老いた / 若い

aan / uit

オン / オフ

open / dicht

開いている /
閉まっている

stil / luid

静かな / うるさい

rijk / arm

裕福な / 貧乏な

juist / fout

正しい / 間違っている

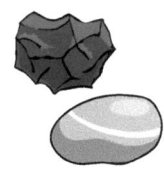

ruw / glad

粗い / なめらか

droevig / blij

悲しい / 幸せな

kort / lang

短い / 長い

traag / snel

ゆっくり / 速い

nat / droog

濡れた / 乾いた

warm / koud

温かい / 冷たい

oorlog / vrede

戦争 / 平和

0

nul

ゼロ

1

één

1

2

twee

2

3

drie

3

4

vier

4

5

vijf

5

6

zes

6

7

zeven

7

8

acht

8

9

negen

9

10

tien

10

11

elf

11

12

twaalf

12

13

dertien

13

14

veertien

14

15

vijftien

15

16

zestien

16

17

zeventien

17

18

achtien

18

19

negentien

19

20

twintig

20

100

honderd

100

1.000

duizend

1000

1.000.000

miljoen

100万

Engels

英語

Amerikaans Engels

アメリカ英語

Chinees (Mandarijn)

中国標準語

Hindi

ヒンディー語

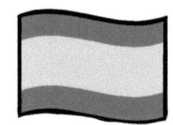

Spaans

スペイン語

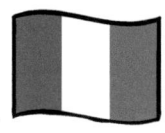

Frans

フランス語

Arabisch

アラビア語

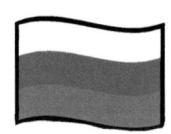

Russisch

ロシア語

Portugees

ポルトガル語

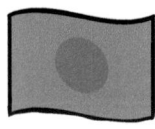

Bengali

ベンガル語

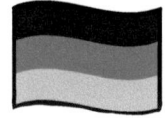

Duits

ドイツ語

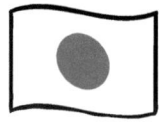

Japans

日本語

ik

私

u

あなた

hij / zij / het

彼 / 彼女 / それ

wij

私たち

u

あなたたち

ze

彼ら

wie?

誰？

wat?

何？

hoe?

どうやって？

waar?

どこ？

wanneer?

いつ？

naam

名前

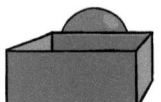

achter

後ろ

in

中

voor

前

boven

上

op

上

onder

下

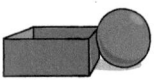

naast

横

tussen

間

plaats

場所